Si miento sobre el abismo

If I Lie About the Abyss

MUSEO SALVAJE
Colección de poesía
Homenaje a Olga Orozco

Homage to Olga Orozco
Poetry Collection
WILD MUSEUM

Mónica Zepeda

SI MIENTO SOBRE EL ABISMO
IF I LIE ABOUT THE ABYSS

Translated from the Spanish by
Miguel Falquez-Certain

Nueva York Poetry Press®

Nueva York Poetry Press LLC
128 Madison Avenue, Office 2RN
New York, NY 10016, USA
Telephone number: +1(929)354-7778
nuevayork.poetrypress@gmail.com
www.nuevayorkpoetrypress.com

Si miento sobre el abismo
If I Lie About the Abyss
© 2024 **Mónica Zepeda**

ISBN-13: 978-1-958001-64-6

© *Poetry Collection*
Wild Museum 60
(Homage to Olga Orozco)

© Prologue & Blurb:
Juana M. Ramos

© Publisher & Editor-in-Chief:
Marisa Russo

© Editor:
Francisco Trejo

© Translator:
Miguel Falquez-Certain

© Layout Designer:
Moctezuma Rodríguez

© Cover Designer:
William Velásquez Vásquez

©Author's Photographer:
Poncho Salazar

© Cover Photograph:
Adobe Stock License

Zepeda, Mónica
Si miento sobre el abismo / If I Lie About the Abyss / Mónica Zepeda. 1ª ed. New York: Nueva York Poetry Press, 2024, 166 pp. 5.25" x 8".

1. Mexican Poetry   2. Latin American Poetry

Esta edición bilingüe conmemora los 10 años de *Si miento sobre el abismo*, publicado en español por primera vez en la Ciudad de México.

This bilingual edition celebrates ten years of the publication in Spanish for the first time of Si miento sobre el abismo *in Mexico City.*

A Martita y Paco

To Martita and Paco

Alguien me enseñó que las palabras
suelen ser asesinas
y yo, que nunca había matado,
un día hablé.

M. Z.

Someone taught me that words
Are usually killers
And I, who had never killed,
One day I spoke.

M. Z.

De luces y de sombras. Lo vital y lo humano en la poética de Mónica Zepeda

En 2018, tuve la oportunidad de participar en el *Festival Mundial de Poesía de San Cristóbal de Las Casas*, timoneado por la reconocida poeta y activista cultural chiapaneca Chary Gumeta. Me asaltan dos imágenes del día de la inauguración del festival: las buganvilias en La Enseñanza, edificio histórico que en su momento hospedó uno de los centros educativos más importantes de Chiapas, la Escuela Normal del mismo nombre, y la de la poeta sancristobalense Mónica Zepeda (1987), quien, con la fuerza de su palabra, estremeció tanto al público curioso por escuchar a los poetas invitados como a los poetas mismos.

Lo poético, en mi opinión, es aquello inasible que nos sacude y que, por supuesto, habita, se aloja, se afinca en el puntual engranaje de lo que se intenta decir y del cómo se dice, en esa relación simbiótica entre el contenido y la forma. La palabra en Mónica Zepeda es arrolladora, es también, como en algún momento lo expresé, fuerte en su sutileza y sutil en su fortaleza. Afirmo, sin temor a equivocarme, que la poesía de Mónica Zepeda no es incipiente ni prometedora, sino que se trata de una poética establecida y comprometida (con el ser humano y todo lo que a este le concierne) y, además, es ya un referente en el panorama literario chiapaneco. Su palabra traspasa las fronteras nacionales, y continúa dejando eco en múltiples escenarios internacionales en los que se celebra la poesía.

No pretendo, en estas breves palabras, perderme en academicismos ni abstracciones que frenen el entusiasmo que me produce aproximarme al trabajo de Mónica, simplemente quiero acercarme como una lectora asidua que procura descifrar los enigmas de la condición humana que tan bien se codifican en sus textos. Arriba, me he referido a la poesía de Mónica con adjetivos que apuntan a una suerte de vigor, de potencia que, como magma, se abre paso a la superficie hasta alcanzar el espacio de resistencia que ha forjado en el texto. Hablo de resistencia en tanto su manera de interpelar al mundo y de, a través de la voz poética, interpretar y codificar las diversas realidades con las que se enfrenta y que le interesa hacer presentes en su ejercicio escritural. La fortaleza y vigor a los que aludo me refieren, inevitablemente, a pensar en la propuesta que hace Audre Lorde en *La hermana, la extranjera. Artículos y conferencias*, con respecto a lo erótico. Para la poeta y estudiosa afroamericana, lo erótico no se limita a la cama, sino que radica en la capacidad de compartir y experimentar el gozo en todos los ámbitos de la existencia, el estar consciente de nuestras propias necesidades como mujeres y como sujetos históricos.

Para Lorde "...lo erótico es una afirmación de la fuerza vital de las mujeres, de esa energía creativa y fortalecida...". En el mismo orden, afirma que "al estar en contacto con lo erótico, me rebelo contra la aceptación de la impotencia y de todos los estados de mi ser que no son naturales en mí, que se me han impuesto, tales como la resignación, la desesperación, la humillación, la depresión, la autonegación" (42, 44). Lorde asevera que "para las mujeres, la poesía no es un lujo. Es una necesidad vital". Asimismo, nos invita a pensar en la poesía como aquello que "define la calidad de la luz bajo la cual formulamos nuestras esperanzas y sueños de supervivencia y cambio, que se plasman primero en palabras, después en ideas y, por fin, en una acción más tangible... Los más amplios horizontes de nuestras esperanzas y miedos están empedrados con nuestros poemas, labrados en la roca de las experiencias cotidianas" (15). Esa "energía creativa y fortalecida" y esa "necesidad vital" a las que hace referencia Lorde dan forma a la poética de Mónica Zepeda, la cual invita al lector a cuestionar instancias que se le han impuesto como verdades absolutas, a poner sobre la mesa temas considerados tabú en nuestra sociedad, conservadora a ultranza, y a enfrentarse consigo mismo e indagar sobre su propia existencia, entre tantos otros temas que convoca su oficio de poeta.

Si miento sobre el abismo (edición en español, 2014; edición bilingüe, 2024) es un ejemplo de la fuerza creadora de Mónica Zepeda; es también su ópera prima, en la que encontramos ya una voz poética potente, definida, perfilada en su propio "abismo", pero capaz de trascenderse para evocar los abismos-otros de la humanidad. En los textos que conforman este cuaderno poético, la "palabra" es asidero del que se sostiene la voz lírica, que, como en cuerda floja, transita los filos del acantilado. Uno de esos filos es el tema del suicidio, como vemos en "Credo póstumo", en el que el yo poético, sin tapujos ni eufemismos, angustiado se confiesa: "El suicidio / es mi hermano bastardo..."; "hermano" en tanto próximo, ya familiarizado con este; "bastardo" porque tanto el hablante poético como el suicidio mismo se desconocen, se desencuentran, no llegan a crear un vínculo, razón por la que "se muestra delante", amenaza con cortar de tajo esa vida, "y no lo hace" (vv. 10, 12). Por otro lado, la voz poética advierte: "La enfermedad / es mi mejor amiga...", es decir, es inherente a esa subjetividad que la padece, que la alberga, que es ocupada por ella y con quien puede dialogar e intimar al punto de confesarle que "[su] único deseo / por la muerte / es carnal". (vv. 13-14; 16-18). La voz lírica parte de su experiencia de dolor y la poetiza, y al poetizarla se trasciende, porque el dolor es una condición humana y este puede conducir a los caminos más oscuros que puedan imaginarse. Pone de manifiesto, además, el tema de los trastornos mentales y emocionales que afectan a un alto porcentaje de la población. Por otro lado, la voz poética niega la materia (desea abandonar el cuerpo/la carne) y apuesta por el plano espiritual, esa otra vida, más allá de doctrinas y dogmas, en la que la voz poética cree, tal como lo indica el título del poema.

El imaginario religioso es un elemento importante que se hace presente en el poemario. La primera parte de *Si miento sobre el abismo* lleva por título "Mi crucifixión". Esta, a su vez, se subdivide en "Oscuridad" y "Cuestión de soles", evocando así a una voz poética en tránsito: de las tinieblas a la luz. El poema arriba citado, "Credo póstumo", pertenece a esta sección.

Asimismo, "Oración", texto que, desde mi lectura, considero una suerte de resemantización del concepto de "fe". Antes afirmé mi inclinación hacia la poética de Mónica Zepeda como una necesidad de dilucidar esos enigmas de la condición humana. Tal vez sea muy presuntuoso de mi parte, pero, al menos, deseo acercarme a esa subjetividad que, retomando las palabras de Lorde, se rebela contra aquello que se le ha impuesto y que encuentra en la poesía un espacio de resistencia para formular y proponer ideas y, finalmente, "acciones más tangibles". Mónica entiende la fe desde sus propios presupuestos, a partir de su experiencia de vida. En el texto, que sigue el andamiaje de una letanía, la voz poética pide la intercesión de algunas de las debilidades o tachas humanas para que, tal vez, el suplicio provocado por el dolor se apiade de ella. Cito íntegro el poema:

Esbozo de mis pecados,
ruega por los otros
Caída de mis tropiezos,
ten piedad de mí.

Orgullo de prejuicios,
ruega por los otros.
Llanto de mis labios,
ten piedad de mí.

Frente de los humildes,
ruega por los otros.
Refugio del fugitivo,
ten piedad de mí.

Cuenta del misterio,
                ruega por los otros.
Frustración de lo posible,
                ten piedad de mí.

Luz de las tinieblas,
                ruega por los otros.
Querida fe,
                ten piedad de mí.

Amén.

Su fe reside en aquello que percibe con sus sentidos y no en la retahíla de santos de los que las letanías católicas se nutren. Su fe reside, por tanto, en lo humano (uso este término con una acepción bivalente). Además, el yo poético ha intervenido la forma tradicional de la letanía, ha optado por un paralelismo sintáctico (a lo largo del poema) cuyo propósito es romper con el "nosotros", por ello dirá "ruega por los otros", "ten piedad de mí". Entiendo este quiebre en tanto que esos "otros" aún pueden alcanzar "la salvación", mientras que la voz poética solo puede aspirar a una suerte de clemencia. Si bien ella está más allá de ser salvada, "los otros" aún pueden redimirse. Este es el amor crístico, despojado de lo egoico. Y, tal vez y solo tal vez, esta sea la propuesta de la autora entre los escombros del dolor.

Finalmente, quiero hacer hincapié en "De pronto, soy", poema que cierra el libro. En él se objetiva esa suerte de simbiosis entre forma y contenido a la que aludía al inicio. Hay un alto grado de emotividad en el mensaje, encapsulada en la extraordinaria manera de cincelar la palabra. El poema inicia con una estrofa de cuatro versos de arte mayor, tres de ellos en función del verbo "querer" (en presente de indicativo y en primera persona del singular): "De emergencia, quiero tener salida. / De trébol, quiero deshojar mi suerte. / De frente, quiero estar en alto; / de arena, en el instante del reloj". "De pronto", por medio de la elipsis, el resto del poema se construye sobre el paralelismo sintáctico preposición-sustantivo-adjetivo (con excepción de los versos 20 y 24 en los que se da a la inversa) y el ritmo de los versos se ralentiza, se vuelve espacioso, dilatado:

> de personaje, antagonista;
> de sujeto, implícito;
> de efecto, secundario;
> de isla, desierta...

Este dinamismo sintáctico negativo, como lo llama Bousoño, se debe a que los sustantivos están acompañados de adjetivos (los que, para el estudioso, poseen un "poder dilatorio") (238). Ahora bien, el ritmo acusa más lentitud aún por razón de la elipsis, que obliga a hacer una pausa en la coma. La estrategia discursiva que utiliza Mónica Zepeda en este texto es un ejemplo del extraordinario conocimiento y manejo que posee del lenguaje. Sabe a la perfección de la agonía que el ritmo y la sintaxis reiterativos le imprimen al texto, y de cómo estos dos elementos mimetizan la angustia existencial que experimenta la voz poética. La prosodia, mayormente grave o llana (hay 22 palabras graves, 6 esdrújulas y 5 agudas, a partir de la elipsis y contando los versos en estructura inversa), lacera los adjetivos como la existencia misma del hablante poético. Hay, incluso, una suerte de auto(des)calificación, dado que la mayoría de los adjetivos posee un significado reprobatorio (incumplida, inoportuno, maldito, repugnante, perdida, oculto, tambaleante, solitario, pasajero, etc.) que dan la idea de caída, de un precipitarse hacia el final *ad infinitum*:

Luego, de pronto,
soy
el juicio inapelable,
la vuelta continua

de un punto

final.

Quiero aquí retomar la idea del significado repro-
batorio inherente a los adjetivos. Bousoño sostiene
que en ocasiones "la reiteración no afecta a la ma-
teria fónica de las palabras... sino sólo al significado
de ellas... La afectividad [les inculca] un significado
único, que la enumeración sucesiva repite y, por
consiguiente, acentúa" (258, 259). De esta forma,
la emoción o exaltación manifiesta en el poema les
imprime a los adjetivos un mismo significado, el de
la reprobación, el de la autodescalificación. La au-
tora escoge ese repertorio semántico para reiterar
la idea de "vuelta continua / de un punto // final"
(vv. 45-47).

Imagino a Mónica Zepeda en su proceso creativo,
dialogando con la palabra, seduciéndola, inda-
gando en ella, llevándola hasta sus últimas conse-
cuencias. Mónica se desplaza por los vericuetos del
lenguaje, debate con sus luces y sus sombras, des-
ciende a sus profundidades. Su poesía posee una
fuerza vehementemente exquisita, se alimenta de la
vida, de lo infrecuente y de lo habitual que hay en
ella. Como Lorde, Mónica se rebela ante la impo-
tencia y las imposiciones, las cuestiona y las resig-
nifica. A su vez, reconoce en sí misma el placer in-
telectual (ya sea como un proceso catártico) que le
provee la escritura y que fortalece y estimula su
ejercicio creativo. La palabra es su morada y en ella
se gesta una poesía muy humana que trasciende el

yo poético, que intenta dilucidar los enigmas del ser humano y, sobre todo, formular nuevos cuestionamientos. Para ella, "la poesía no es un lujo, es una necesidad vital".

JUANA M. RAMOS, Ph.D.
York College – The City University of New York

Of Lights and Shadows. Vital and Human Aspects in Mónica Zepeda's Poetics

In 2018, I had the opportunity to participate in the *San Cristóbal de Las Casas World Poetry Festival*, conducted by the renowned Chiapaneca poet and cultural activist Chary Gumeta. Two images of the festival's opening day vividly come to my mind: the bougainvillea at La Enseñanza, an historic building that once hosted one of the most important educational centers in Chiapas, the Teacher Training School of the same name; and that of the San Cristóbal native, the poet Mónica Zepeda (1987), who, with the might of her words, shook both the audience, eager to listen to the guest poets, as well as the poets themselves.

The poetic, in my opinion, is that elusive element that shakes us and that naturally inhabits, dwells, and takes root on the timely structure of what we are trying to say and how we say it, in that symbiotic relationship between content and form. Mónica Zepeda's words are overpowering; they are also, as I have pointed out once before, strong in their subtlety and subtle in their strength. I can say, without fear of being wrong, that Mónica Zepeda's poetry is not incipient or promising, but rather it is an established and committed poetics (to our fellow human beings and to everything that has to do with them) and, furthermore, it is already a benchmark in the Chiapan literary landscape. Her words transcend national borders and continue to reverberate in multiple international settings where poetry is celebrated.

In these brief words, I don't intent to get myself lost in academicisms or abstractions that may curb the enthusiasm that gets a hold of me when I come to grips with Monica's work; instead, I just want to approach it as an assiduous reader who seeks to decipher the enigmas of the human condition that are so well embedded in her texts. Above, I referred to Monica's poetry with adjectives that point to a sort of strength, of power that, like magma, forces its way to the surface until it reaches the space of resistance she has created in the text. I am talking about resistance in so far she questions the world and, through her poetic voice, she interprets and codifies the various realities she confronts and which she is interested in calling our attention to in her writing practice. These strength and power lead me, inevitably, to think about Audre Lorde's thesis in *Sister Outsider. Essays and Speeches,* regarding eroticism. For the African-American poet and scholar, eroticism is not limited to the bed, but rather it lies in the ability to share and experience pleasure in all the different aspects of our lives, in being aware of our own needs as women and as historical individuals.

For Lorde "... I speak of it [the erotic] as an assertion of the lifeforce of women; of that creative energy empowered..." In the same vein, she states that "In touch with the erotic, I become less willing to accept powerlessness, or those other supplied states of being which are not native to me, such as resignation, despair, self-effacement, depression, self-denial." (42, 44) Lorde declares that "for women, then, poetry is not a luxury. It is a vital necessity of our existence." Also, she asks us to think of poetry as something that "forms the quality of the light within which we predicate our hopes and dreams toward survival and change, first made into language, then into idea, then into more tangible action [...] The farthest external horizons of our hopes and fears are cobbled by our poems, carved from the rock experiences of our daily lives." (15) That "creative energy empowered" and that "vital necessity" which Lorde refers to inform Mónica Zepeda's poetics, which invites the reader to question instances that have been imposed on her as absolute truths, to put forward topics considered taboo in our ultraconservative society, and to question ourselves and inquire about our own existence, among so many other topics that her work as a poet calls for.

If I Lie About the Abyss (Spanish edition, 2014; Bilingual edition, 2024) is an example of Mónica Zepeda's creative force; it is also her debut volume of poetry, in which we already find a powerful, distinct poetic voice, circumscribed by her own "abyss," but capable of transcending to evoke the other chasms of humanity. In the texts that make up this poetic notebook, the "word" is the grip the lyrical voice holds on to, walking like a funambulist on the edges of the cliff. One of those edges is the subject of suicide, as we can see in "Posthumous Credo," in which the woeful poetic voice confesses in no uncertain terms: "Suicide / Is my bastard brother...": "brother" as someone close whom she is familiar with; "bastard" because both the poetic speaker and the suicide himself are not acquainted with each other, they keep missing each other, they do not manage to bond, which is why "he shows up" and threatens to put an end to that life, "and he does not." (Cf. 10, 12) Furthermore, the poetic voice warns: "Sickness / Is my best friend...", that is to say, it is inherent to that individual who is suffering from it, who gives shelter to it, who is invaded by it and with whom she can chat and become friendly, to the point of admitting that "[her]

Only desire / For death / Is physical." (Cf. 13-14; 16-18) The poetic voice draws out from her own experience with pain and poetizes it, and while doing that, it transcends it, because pain is part of the human condition, and it can lead to the darkest paths you can possibly imagine. Moreover, she expresses in definite terms the issue of mental and emotional disorders that affect a high percentage of the population. On the other hand, the poetic voice rejects the material world (she would like to leave the body/the flesh behind) and goes for the spiritual plane, that other life, beyond doctrines and dogmas, in which the poetic voice believes, as the title of the poem suggests.

The repertoire of symbolic and conceptual religious elements is an important element in this volume of poetry. The first part of *If I Lie About the Abyss* is titled "My Crucifixion." This, in turn, has two sections: "Darkness" and "A Matter of Suns," thus evoking a poetic voice in transit: from darkness to light. The aforementioned poem, "Posthumous Credo," belongs to this section.

Likewise, "Prayer," a text that, according to my reading, I consider a sort of "re-semanticization" of the concept of "faith." Earlier, I expressed my predilection for Mónica Zepeda's poetics as a need to elucidate those enigmas of the human condition. Perhaps I have been a tad presumptuous, but at least I would like to get close to that subjectivity that, according to Lorde's words, rebels against what has been imposed on her and finds in poetry a space of resistance to formulate and propose ideas and, finally, "more tangible actions." Mónica understands faith according to her own premises, from her own life experience. In the text, which is conceived as a litany, the poetic voice is calling for the mediation of some of the human weaknesses or stigmas so that, perhaps, the torture caused by pain may take pity on her. I am quoting the entire poem:

> Sketch of my sins,
>> *Pray for others*
> Fall from my slips,
>> *Have mercy on me.*
>
> Pride of prejudices,
>> *Pray for others.*
> Wailing from my lips,
>> *Have mercy on me.*
>
> Forehead of the meek,
>> *Pray for others.*
> Refuge of the fugitive,
>> *Have mercy on me.*
>
> Bead of the mystery,
>> *Pray for others.*

Frustration of what's possible,
> *Have mercy on me.*

Light of darkness,
> *Pray for others.*
Dear faith,
> *Have mercy on me.*

Amen.

Her faith lies in what she perceives with her senses and not in the string of saints, which are part and parcel of Catholic litanies. Therefore, her faith resides in humanity (including men and women). Furthermore, the poetic voice has manipulated the traditional form of the litany: she has opted for a parallel syntax (throughout the poem) whose purpose is to break away from the "we/us," which is why she will say "pray for others" and "have mercy on me." I understand this break-off from tradition as far as the "others" can still be granted "salvation," while the poetic voice can only aspire to a sort of clemency. Even though she is beyond salvation, "others" can still be saved. This is true Christian love, stripped of selfishness. And perhaps and only perhaps, this may be the author's proposal from the remains of sorrow.

Finally, I would like to put special emphasis on "Suddenly, I am," a poem that closes the book. In it, she gives tangible form to that sort of symbiosis between form and content that I referred to at the beginning. There is a high degree of emotionality in the message, epitomized in the extraordinary way she has of crafting words. The poem starts with a stanza of four verses, of more than nine syllables each, three of them using the verb "to want" (first person singular of the present indicative mode): "In an emergency, I want to find a way out. / As clover, I want to strip the leaves off my luck. / Head on, I want to be up above; / As sand, on the split second of the clock." "Suddenly," by means of the ellipses, the rest of the poem is built using the parallel syntax of preposition-noun-adjective (with the exclusion of lines 20 and 24 in which they happen the other way around), and the rhythm of the verses slows down, becoming roomy, delayed:

> As a character, antagonist;
> As a subject, implied;
> As an effect, a side effect;
> As an island, deserted...

This "negative syntactical dynamism," to quote Bousoño, is due to the fact that the nouns are accompanied by adjectives (which, for the scholar, possess a "delaying power") (238). However, the rhythm is even slower due to the ellipses, which force us to pause at the comma. The discursive strategy utilized by Mónica Zepeda in this text is an illustration of her extraordinary knowledge and use of language. She is familiar with the agony that the repetitive rhythm and syntax impart on the text, and how these two elements mimic the existential anguish experienced by the poetic voice. The prosody, mostly paroxytone or flat (there are 22 paroxytone, 6 proparoxytone and 5 oxytone words, starting from the ellipsis and counting the lines in a reverse structure), lacerates the adjectives like the very existence of the poetic speaker. There is even a kind of self-(dis)qualification, since most adjectives have a disapproving meaning (unreliable, unreasonable, accurséd, revolting, lost, hidden, faltering, lonely, fleeting, etc.) that suggest a fall, a rush towards the end *ad infinitum*:

> Then, suddenly,
> I am
> The unappealable decision,
> The continuous flow
> Of a full
>
> Stop.

Now, I'd like to go back to the idea of the disapproving meaning inherent to the adjectives. Bousoño argues that, sometimes, "the repetition does not affect the phonic matter of words... but, rather, just their meaning... Affectivity [instills] a unique meaning [to them], which the successive enumeration repeats and, therefore, emphasizes." (258, 259) In this way, the emotion or exaltation manifested in the poem imparts the same meaning on the adjectives, that of disapproval, that of self-rejection. The author chooses that semantic repertoire to reiterate the idea of "The continuous flow / Of a full // Stop." (Cf. 45-47)

I can imagine Mónica Zepeda during her creative process, having a dialog with the word, seducing it, probing it, and taking it to its ultimate consequences. Mónica moves through the rugged paths of language, argues with its lights and shadows, and descends into its depths. Her poetry has a vehemently exquisite strength: it feeds on life – on the unusual and on the habitual she finds in it. Just like Lorde, Mónica rebels because of the powerlessness and against the impositions; she calls them into question and gives them a new meaning. In turn, she acknowledges the intellectual pleasure (like a catharsis) she finds in writing, which strengthens and stimulates her creative practice. The word is her dwelling and, in it, a very humane poetry is created, which transcends the poetic self, who tries to elucidate the enigmas of human beings and, most importantly, to raise new questions. For her, "poetry is not a luxury; it is a vital necessity of our existence."

JUANA M. RAMOS, Ph.D.
York College – The City University of New York

MI CRUCIFIXIÓN

MY CRUCIFIXION

I.

Oscuridad

Darkness

AUN CON PENITENCIA

Me hinco y confieso,
aún sin arrepentimiento,
que una vez te negué.

Te negué aquella vez
doblemente.

Ay, pecado,
sin ser la vencida,
ésta es la tercera.

Hay castigo.

Aun con penitencia
eres mi pena y mi pan,

mi pan y mi vino.

EVEN WITH PENANCE

I kneel down and confess,
Even without regret,
That I once denied you.

I denied you that time
Twice.

Oh, sin,
Without being the charm,
This is the third time.

There is punishment.

Even with penance
You're my sorrow and my bread,

My bread and my wine.

MI CRUCIFIXIÓN

Yo quería mi cabeza sin corona,
las espinas sin mi sangre,
el martillo en vez de clavos

y otro cuerpo en esta cruz.

MY CRUCIFIXION

I wanted my head without a crown,
The thorns without my blood,
The hammer instead of nails

And another body on this cross.

SIN DIOS

Hoy pretendo
liquidar mis fallas,
alzar la mano,
pedir la palabra
y contar una pena,
sin provocar combate.

De no ser posible,
hoy pido
bajar la mano
para arrimar el hombro,
no sé a quién
ni con qué pretexto

tal vez,
a mi voz diestra,

esa que sin temple,
intimida al pensamiento zurdo.

Hoy deseo
desmontar mi cruz
de la pared,
en un ahora,
en un instante,
sin Dios.

WITHOUT A GOD

Today I intend
To do away with my faults,
To raise my hand,
To ask for the floor
And to talk about a sorrow,
Without starting a fight.

If that is not possible,
Today I'm asking
To lower the hand
So I may put the shoulder to the wheel,
I don't know whose
Or under what pretense

Perhaps,
To my artful voice,

That one that without mettle
Intimidates the left-handed thinking.

Today I'd like
To take down my cross
From the wall,
In a heartbeat,
In an instant,
Without a God.

Hoy destilo sangre
hasta el cansancio,

sin morir asfixiado
a llanto libre.

Hoy vuelo
haciendo escala
en los altares
para aterrizar sobre algún cielo,
de ser posible,
sin Dios.

Today I'm sweating blood
To no end,

Without dying smothered,
Crying without restraint.

Today I'm flying
Making a stop over
At the altars
To land on some heaven,
If at all possible,
Without a God.

CREDO PÓSTUMO

Soy hija única del diablo,
me parió la insolencia
y vivo al compás de mi materia.

La vida es mi madre adoptiva,
me arrancó los sentimientos
al estar al borde de la calle.

El suicidio es
mi hermano bastardo,
de vez en vez,
se muestra delante
para asesinarme
y no lo hace.

La enfermedad
es mi mejor amiga,
a ella le confieso
que mi único deseo
por la muerte
es carnal.

Soy una mujer adúltera,
por eso entierro mis letras
antes de perecer,

POSTHUMOUS CREDO

I'm the devil's only daughter,
I was given birth by insolence
And I live to the rhythm of my matter.

Life is my adoptive mother,
It ripped my feelings off
While at the curb of the street.

Suicide is
My bastard brother,
From time to time,
He shows up
To kill me
And he does not.

Sickness
Is my best friend,
I admit to it
That my only desire
For death
Is physical.

I'm an adulteress,
That's why I bury my letters
Before dying,

con la única esperanza
de sentirlas inmortales.

Y en la noche
y día con día,
ahogo la pasión
con la fuerza apática
que llora

mi fétido sabor a ti.

With the only hope
Of feeling them immortal.

And at night
And time after time,
I suppress my passion
With the dispassionate force
That weeps

My foul taste of you.

OSCURIDAD

El milagro se apagó.

Nos dejó rezando
a cada uno por su lado,
por su respectiva vida.

Entre mis dedos,
sostuve el rosario,
supliqué cuenta a cuenta,
me aferré al oscuro misterio,
y después, encendí otro fósforo
para alumbrar al Cristo de mi pared.

DARKNESS

The miracle became extinguished.

It left us praying
Each one on her own,
For their respective lives.

I held the rosary
Between my fingers,
I implored bead by bead,
I held on to the dark mystery,
And then I lit another match
To illuminate the Christ on my wall.

ORACIÓN

Esbozo de mis pecados,
  ruega por los otros.
Caída de mis tropiezos,
  ten piedad de mí.

Orgullo de prejuicios,
  ruega por los otros.
Llanto de mis labios,
  ten piedad de mí.

Frente de los humildes,
  ruega por los otros.
Refugio del fugitivo,
  ten piedad de mí.

Cuenta del misterio,
  ruega por los otros.
Frustración de lo posible,
  ten piedad de mí.

Luz de las tinieblas,
  ruega por los otros.
Querida fe,
  ten piedad de mí.

Amén.

PRAYER

Sketch of my sins,
> *Pray for others.*
Fall from my slips,
> *Have mercy on me.*

Pride of prejudices,
> *Pray for others.*
Wailing from my lips,
> *Have mercy on me.*

Forehead of the meek,
> *Pray for others.*
Refuge of the fugitive,
> *Have mercy on me.*

Beads of the mystery,
> *Pray for others.*
Frustration of what's possible,
> *Have mercy on me.*

Light of darkness,
> *Pray for others.*
Dear faith,
> *Have mercy on me.*

Amen.

II

Cuestión de soles

A Matter of Suns

VESTIGIO

Expansión de ecos,
tu materia y la mía.
Sin almas,
sin fetideces,
sin noches perdidas.

No eres mi albor
ni el sol inflamado,
solo carroña
de espejos prohibidos.

Cuando la luna fundió sus ganas,
mi espacio se mantuvo afónico
ante la presencia de dioses malignos.

Por eso ahondo
la infamia entrañable
y el sabor vestigio de tu boca,
como espacio letal
en los días de octubre,
donde desprendo
mi piel de la tuya
para estimular al ocaso

del alba tardía.

VESTIGE

Expansion of echoes,
Your matter and mine.
Without souls,
Without the stench,
Without lost nights.

You're not my dawn
Or the inflamed sun,
Just rotten flesh
Of forbidden mirrors.

When the moon melted its desires,
My space remained voiceless
In the presence of evil gods.

That's why I deepen
The deeply felt infamy
And the vestigial taste of your mouth,
Like a lethal space
During the October days,
When I detach
My skin from yours
To stir the sundown

Of this belated dawn.

FANTASÍAS EN DESTIERRO

Fantaseamos con letras,
con frases y señales.
Tú por detrás, yo por delante.

Inventas conmigo,
a destiempo, a deshoras.

Costumbre fugaz, mala manía,
imaginar sin carne
y nada más.

Tú por encima, yo por debajo.
El nosotros queda ajeno.

Las palabras
cambian de posición,
arden mientras callan,
se tocan sin aprecio.

FANTASIES IN EXILE

We daydream with letters,
With phrases and signs.
You, in the back; I, in the front.

> *You invent with me,*
> *Inopportunely, at the wrong time.*

Short-lived custom, a bad habit,
To imagine without flesh
And nothing else.

> *You, above; I, below.*
> *The idea of "us" remains irrelevant.*

Words
Shift position,
They burn while they keep quiet,
They touch one another without gratitude.

CONSECUENCIA

Fecundas desencanto en mis labios,
en mis labios de palabra infértil,
de sonidos abortados.

Pretendes que germine
algún reclamo entre sus voces,
entre sus voces sólo brota

un silencio consecuente.

CONSEQUENCE

You sow disillusion on my lips,
On my lips, barren of words,
Of aborted sounds.

You seek to sprout
Some complaint from their voices,
But just a consistent silence

Bursts forth from their voices.

VUELVE A SER MIÉRCOLES

¿Qué día es hoy?
No sé, ha de ser miércoles.
Mis labios lloran presos
bajo el manto de tu indiferencia,
los años endulzan con sazón tus meses a mi lado.

Rayos de sol pintan alrededor tu sombra,
el invierno me anochece,
la luna no me arrulla.

Ahora, a las cinco sesenta,
se abre el telón de la mañana, las aves bailan sin
        alas.
Vuelve a ser miércoles.

Tu peso ausente mide mi dolor a cántaros.
Mis manos abrazan con miedo la coraza de tu
        silencio
y estos pies planchan sin ritmo el mar a tus
        espaldas.

Las calles pintan alevosía con el andar de tus
        pupilas.
Mientras la ausencia camina anhelante,
yo marchito las semillas del ayer.

IT'S WEDNESDAY ONCE AGAIN

What day is today?
I don't know, it must be Wednesday.
My lips are crying imprisoned
Under the cloak of your indifference,
The years sweeten with flavoring your months
        next to me.

Sun rays are painting around your shadow,
Winter darkens me,
The moon doesn't sing to me to sleep.

Now, at five sixty,
Morning draws the curtain, the wingless birds
        dance.
It's Wednesday once again.

Your absent weight measures my pain abundantly.
My hands fearfully embrace your silence's shield
And these feet iron, out of step, the sea behind
        you.

The streets paint malice with your pupils' pace.
While absence eagerly walks,
I'm withering away the seeds from the past.

Estas horas agitan la pesadez de los días por
venir.
Así es el día, solo conmigo.
Así es el miércoles.

These hours stir the weariness of the days
        ahead.
That's how the day is, alone with me.
That's how Wednesday is.

HÁLITO VITAL

Trillo mi necedad de ti,
no como dogma de amor,
como tentativa que revierte
mi nacimiento en defunción.

Anhelo la tumba
en que me desplomaré.

Ven, penétrame por los pies,
instaura el olor pútrido
de las flores que olvidarás
en mi sagrario.

Déjame atónita
como el cemento de mi sepulcro.

Y así de lejos,
así de cerca,
no finjas el hálito vital

que te provocaré al morir.

VITAL BREATH

I thrash my folly of you,
Not as a tenet of love,
But as an attempt to reverse
My birth into death.

I long for the tomb,
Where I will fall down.

Come over, come inside me through my feet,
Set up the stench
Of the flowers you'll leave
Behind my shrine.

Make my head swim
Like the cement at my grave.

And just like that from afar,
Just like that up close,
Don't fake the vital breath

That I'll cause you when I die.

ROCES DEL MÁS ALLÁ

BRUSHES WITH DEATH

ROCE I
Vivir, en caso necesario.

ROCE II
De preferencia, consúmase.

ROCE III
En esta vida todo se apaga.

ROCE IV
Se vende ataúd, con suficiente espacio vital.

ROCE V
Para morir, de risa, hay que entender que la vida
es una farsa.

ROCE VI
Vuelve mañana, hoy no puedo
atenderte.

ROCE VII
Ya es tarde para amanecer con prisa.

ROCE VIII
Hoy no pediré disculpas,
hoy no siento nada.

ROCE IX
La duda es el péndulo que suspende la certeza.

BRUSH I
To live, if necessary.

BRUSH II
Use it up, preferably.

BRUSH III
Everything dies out in this life.

BRUSH IV
For sale: A coffin with sufficient living space.

BRUSH V
To die laughing, one has to understand that life
        is a farce.

BRUSH VI
Come back tomorrow, I cannot
        take care of you today.

BRUSH VII
It's too late to wake up in a hurry.

BRUSH VIII
I won't apologize today;
        I don't feel anything today.

BRUSH IX
Doubt is the pendulum that suspends certainty.

ROCE X
A voces, sé un secreto, a veces.

ROCE XI
Pinta otra realidad, aunque te pases de la raya.

ROCE XII
Ten escapatoria, aunque no exista emergencia.

ROCE XIII
A fin de puertas, encontré la salida.

ROCE XIV
La puntualidad consiste en irse a tiempo.

ROCE XV
Anda, donde comienza la altura, a ras del vuelo.

ROCE XVI
Yo no olvido, cicatrizo.

ROCE XVII
De la vida aprendí que morir
            es lo más sano.

ROCE XVIII
Nunca se muere del todo porque nunca
            se termina de nacer.

BRUSH X
Sometimes, be an open secret.

BRUSH XI
Paint another reality, even if you go too far.

BRUSH XII
Have a way out, even if there's no emergency.

BRUSH XIII
At last, I found the exit door.

BRUSH XIV
Punctuality is a matter of leaving in good time.

BRUSH XV
Go, where the height begins, at flight level.

BRUSH XVI
I don't forget, I heal.

BRUSH XVII
I learned from experience that dying
        is the healthiest thing.

BRUSH XVIII
One never dies completely because one never
        finishes being born.

ROCE XIX
Construir fatalidades no requiere de cimientos.

ROCE XX
Dio en el clavo, pero no en mi cruz.

ROCE XXI
Siempre estamos en edad de perecer.

ROCE XXII
La inercia no da más de sí.

ROCE XXIII
Se ponchan ilusiones. Gratis.

ROCE XXIV
El principio básico del final
      es que no se puede posponer.

ROCE XXV
Quiera Dios que haya bienvenida.

BRUSH XIX
Building misfortunes requires no foundation.

BRUSH XX
He hit the nail on the head, but not on my cross.

BRUSH XXI
We are always ripe to die.

BRUSH XXII
Inertia doesn't go any further.

BRUSH XXIII
We burst your bubbles. For free.

BRUSH XXIV
The basic principle of the end
        is that it cannot be put off.

BRUSH XXV
Let's hope we'll be welcome with open arms.

SI MIENTO SOBRE EL ABISMO

IF I LIE ABOUT THE ABYSS

I

En otro refugio

In Another Shelter

¿QUIÉN?

Después de tanto,
tanto viento a mi favor,
¿quién iba a pensar que lloraría?

¡Cómo iba a faltar a la promesa!

De no aparecer en el momento indicado
cuando el lugar fuese incorrecto.

De no mirar de frente
si se repetía aquel pasado.

¿Quién iba a pensar?

El hado,
la ironía,
el desapego,
la experiencia,
un criterio.

¿Quién?

WHO?

After all was said and done,
After so much tailwind,
Who would've thought I'd cry?

How could I break my promise!

Of not showing up at the expected time
When the place was wrong.

Of not looking in the eye
If that past was repeated.

Who would've thought?

The fate,
The irony,
The aloofness,
The experience,
A criterion.

Who?

ALIVIO

Por un momento,
tuve delirio de persecución.
Al voltear, sentí alivio,
era un hombre y no mi sombra.

RELIEF

For one moment,
I was paranoid.
When I turned around, I was relieved:
It was a man and not my shadow.

DE PRONTO, LLEGAS

Como la precaución,
el amor que acecha,

como la puerta que se cierra,
una salida de emergencia,

como el coche que frena,
la sombra que me acelera,

como la tentación que me arriesga,
la imprudencia,

como el recién nacido,
su inocencia.

De pronto, como el rojo,

tú llegas.

SUDDENLY, YOU COME

Like a warning,
Love is lurking,

Like a closing door,
An emergency exit,

Like the car that stops short,
The shadow that hurries me up,

Like the temptation that endangers me,
The recklessness,

Like the newborn,
Her innocence.

Suddenly, like the flaming red,

You come.

SEGÚN MIS CÁLCULOS

Toma dos instantes
en herir mis labios, la sonrisa.
Toma dos minutos el saludo
con mi nombre en tu saliva.

Y tres años al silencio decirme *hasta la vista*.

Aún logra morderme
esta tímida sonrisa
que no muestra ya los dientes,
que no muestra más que labios,
que me muestra,
donde la ventana, la salida.

Toma dos instantes el tropiezo.
Toma uno la caída.

ACCORDING TO MY CALCULATIONS

A smile takes
Two seconds to hurt my lips.
A greeting takes two minutes
With my name in your spit.

And three years for silence to tell me *See you
around.*

This bashful smile
Still gets to bite me,
Not showing its teeth any longer,
Showing nothing but lips,
Showing me where's
The window, the way out.

It takes two seconds two stumble.
It takes one to fall.

EN OTRO REFUGIO

Hace ya mucho viento
que me asfixia el exilio.
He vuelto a casa sin poner,
nunca más,
un pie en mi patria.
Sin tener,
nunca más,
tu gloria en mí;
nunca más,
el enemigo ante el atisbo;
nunca más,
la mirada en el fusil.

Permíteme, bandera,
cobijarme de este frío.
Permítele a mi cuerpo
vestirse con tu tierra y sus colores.
Permítele enraizarme,
hacerme fruto,
ser abono, no abandono,
ser pasto,
ser vasto hasta morir.

Devuélvele mi llanto,
disuélvelo en tus lagos.

IN ANOTHER SHELTER

The exile has been smothering
Me since many winds ago.
I've come back home without
Setting a foot on my homeland
Ever again.
Without having
Your splendor in me
Ever again;
The enemy before the glimpse,
Not ever again;
My eye on the rifle,
Not ever again.

Flag, allow me
To take shelter from this cold.
Allow my body
To get dressed with your land and its colors.
Allow it to make a root of me,
To become fruit,
To be manure, not desolation,
To be pasture,
To be vast until I die.

Give my tears back to it,
Melt them in your lakes.

Inúndate y bebe
la savia que derramo
en otro refugio
pensando en ti.

Gira de nuevo
tu otoño a mis ojos,
tu cielo a mis hojas,
tu nunca al encuentro,
tu himno a mis labios,
tu espina a mi tallo,
tu voz a mi nombre,
tu hora a mi tiempo
aquel incesante
en que yo, clandestino,
también huía de mí.

Become a deluge and drink
The sap I'm pouring
In another shelter
Thinking of you.

Spin once again
Your autumn to my eyes,
Your sky to my leaves,
Your nevermore to a rendezvous,
Your anthem to my lips,
Your thorn to my stem,
Your voice to my name,
Your hour to my time
That relentless time
When I, on the down-low,
Was also running away from myself.

MÁS DE LO QUE ES CIERTO

Fallo más de lo que acierto,
los barcos se hunden en mi sangre,
naufragan en mis recuerdos,
zarpan de mi lado,
se escabullen a otros puertos.

Soy pasajero.

En su momento,
fui acierto,
barco,
recuerdo,
muelle,

otro puerto.

MORE THAN THE TRUTH

I get it wrong more than I get it right,
Ships sink into my blood,
They founder in my memories,
They sail away from my side,
They flee to other ports.

I'm a passenger.

Once upon a time,
I was right,
A ship,
A memory,
A dock,

Another port.

NUNCA MUERAS

Rasgué, con las uñas,
mis letras sobre tu espalda.
Un *nunca mueras*, falto de tinta,
aquella noche,

hurtó tu sangre.

NEVER DIE

I scratched with my nails
My letters on your back.
A *Never die*, running out of ink,
Stole your blood

That night.

CREMACIÓN

Mi piel se funde en la hoguera
de huesos gangrenados,
de alma ensangrentada.

Te doy el pésame,
me doy la gracia

de no volverte a ver.

CREMATION

My skin melts in the fire pit
Of necrotic bones,
Of a bloody soul.

I offer my sympathies to you,
I am grateful

I won't be seeing you ever again.

II

A voces

Aloud

CUANDO TE AGREDAN

Cuando salgas de rebato,
al igual que otras veces,
sin saber de dónde vienes
y negando adónde vas,
evita guardar las manos en los bolsillos
como quien oculta un crimen.

Ten paciencia, brinda calma.

Camina.
Camina y,
tranquilo,
vuelve a casa.

Una vez adentro, a salvo,
recuerda ya es muy tarde,
ya es tu sangre.

Si despiertas a las dudas reprimidas,
si descubres que extraviaste la razón,

no tortures al destino,
no destines más torturas

ni reproches al insomnio tu terror.

When They Assault You

When you go out and paint the town red,
Just like other times,
Not knowing where you're coming from
And refusing to say where you're going,
Refrain from putting your hands in your pockets
As if you were trying to cover up a crime.

Be patient, be supportive.

Take a walk.
Move on and
Quietly
Go back home.

Once inside, safe and sound,
Remember it's too late,
It's already in your blood.

If you wake up feeling insecure,
If you realize you've lost your mind,

Don't agonize over your fate,
Stop torturing and blaming

Wakefulness for the terror you feel.

AY, HERMANO

¿Qué te digo? Desconozco tu sufrir.
Nunca supe que morías. Por tu sangre,
por tu carne. Nunca supe. Te lo juro.

Por morir.

Me conduelo con tu tinta. La hago pena,
la hago llanto. Ay, hermano,

si escuchas estas letras
son mis pasos, voy a ti.

El invierno, ese manto que te cubre,
que era blanco y ya es rojizo, era de ellos.
Ay, desgracia, y fue tuyo.

Ay, hermano, ni esta guerra ni este campo
merecen primaveras.

Ni este campo ni esta guerra merecen que florez-
can

las metrallas de tu sien.

OH, BROTHER!

What can I tell you? I know not your woes.
I never knew you were dying. For your blood,
For your flesh. I never knew. Cross my heart.

To death.

I sympathize with your ink. I make it sorrow,
I make it tears. Oh, brother,

If you hear these letters
They're my steps, I'm coming to you.

Winter, that cloak covering you,
White before and reddish now, it was theirs.
Woe is me, and it was yours.

Oh, brother, neither this war nor this field
Deserve a springtime.

Neither this field nor this war deserve

That shrapnel may bloom in your head.

DESAFÍO

Carga, apunta,

inhala,
sus pulmones se encogen,
dispara sin miedo.

Frente al espejo,
muerto al fin.

CHALLENGE

Load, point,

Inhale,
His lungs shrink,
Shoot without fear.

Before the mirror,
He drops dead at long last.

A VOCES

¿Quién siempre? ¿Quién a voces
impide ser un secreto a veces?
¿Es acaso quien intenta ser ocaso?
Es acoso el despertar de un suicida,
que a voces muerde,
que nunca se halla.
Yo no sé qué fue primero,
yo no sé quién es culpable,
el rostro o la vergüenza,
la desidia o el trastorno.
¿Quién siempre, quién a veces
escribe un secreto,
la boca o la palabra?

El silencio que, entre una y otra, estalla.

ALOUD

Who always? Who loudly
Prevents from being a secret sometimes?
Is it perhaps he who tries to be a sunset?
The awakening of a suicide is harassment,
Loudly biting,
Always restless.
I don't know what was first,
I don't know who's at fault,
The face or the shame,
The indolence or the disorder.
Who always, who sometimes
Writes a secret,
The mouth or the word?

Silence that, between those two, blows up.

QUEBRANTO

Ante la mirada
bien abierta,
pero petrificada
de mi reloj,

no lloré.

Comprendí
que si el tiempo
había muerto

era hora

de vivir sin él.

SORROW

Under the intense
But frozen
Gaze
Of my clock,

I didn't cry.

I understood
That if time
Had died

It was time

To live without it.

AMANECE

*Junto*alanoche.

Sobre
el insomnio.

el entierro.
Bajo

THE DAY IS BREAKING

*Next*to the night.

Over
Restlessness.

The burial.
Under

III

De pronto, soy

Suddenly, I am

NO SÉ SI SOY

No sé si soy la carta o el buzón,
el incendio o la morada,
la foto o el portarretratos.

Tampoco sé si el orgullo es basura
o la distancia un vertedero.

Nunca sabré si soy el infame o la adúltera.

De seguro, el llanto que *derr*amo
o la sonrisa que contienes.
Tal vez, la rabia.

Soy quien no contesta,
quien se pregunta
sin respuesta.

I DON'T KNOW IF I AM

I don't know if I'm the letter or the mailbox,
The fire or the home,
The photo or the frame.

I don't know either if pride is garbage
Or distance, a dumping yard.

I'll never know if I'm the wicked or the adulter-
ess.

Surely, the tears I'm *shed*ding
Or the smile you're holding back.
Perhaps, it's the rage.

I'm the one who doesn't answer,
Who is wondering
With no response.

SENDERO

Recuerdo el destino,

delante siempre tuve
un muro blanco
de papel.

PATH

I remember the destination,

I always had before me
A white wall
Of paper.

ASONANTE

Olvido de palabra en coma,
de verso culpable,
de sonidos abortados.

Olvido rima
de mis carencias.

Olvido entre vocales
fuertes, débiles,
raras, huecas.

Olvido, te olvido

sin ritmo,
sin métrica.

ASSONANT

Forgetfulness of comatose word,
Of guilty verse,
Of aborted sounds.

I forget the rhyme
Of my shortcomings.

Forgetfulness between vowels:
Strong, weak,
Unusual, hollow.

Forgetfulness, I forget

You without cadence
Or prosody.

SI MIENTO SOBRE EL ABISMO

No es orgullo, es miedo;
no humo, hielo;
no distancia, vertedero;
no alma, entraña y hueso;
no acertijo, menos acierto.

Quizás verdad.

Tal vez,
lamento.

IF I LIE ABOUT THE ABYSS

It's not pride, but fear;
Not smoke, but ice;
Not distance, but spillway;
Not soul, but guts and bones;
Not riddle, but less success.

Perhaps the truth.

Maybe,
The lament.

FUI PASAJERO

Si alguna vez
estuve mal,
fui pasajero.

Necedad,
capricho,
impulso.

Intento.

I WAS TRANSIENT

If I ever
Was sick,
I was transient.

Impertinence,
Whim,
Urge.

Attempt.

SOSTENIDA

Hubo tanta destrucción,
en tan pocos días,
que la pared,
sostenida en el reloj,
es la única que avanza.

BOLSTERED

There was so much destruction
In just a few days,
That the wall,
Bolstered on the clock,
Is the only one that's moving on.

AUNQUE LA SILLA ESTÉ COJA

Va a llegar el día en que la ausencia
no soporte estar de pie
y se siente a mi lado,

aunque la silla esté coja,
aunque al hacerlo,

una se rompa.

EVEN IF THE CHAIR IS WOBBLY

The day will come when absence
Won't withstand standing
And will sit next to me,

Even if the chair is wobbly,
Even though when it does,

One chair may come apart.

TENTACIÓN

Contempla, niña, desde lejos, el jardín.

Las espinas pertenecen a su tallo,
las margaritas no deshojan tus *te quiero*,
las estrellas aún las tienes a la mano.

Niña, estás a salvo,

los monstruos no asoman
ni su sombra
a la puerta de tu cuarto.

TEMPTATION

Behold the garden from afar, little girl.

The thorns belong to their stem,
Daisies don't lose their *I love you* leaves,
You're still holding the stars.

Little girl, you're safe and sound,

The monsters don't even
Show their shadows
At your bedroom door.

DE PRONTO, SOY

De emergencia, quiero tener salida.
De trébol, quiero deshojar mi suerte.
De frente, quiero estar en alto;
de arena, en el instante del reloj.

De pronto,
quiero ser luego;

de personaje, antagonista;
de sujeto, implícito;
de efecto, secundario;
de isla, desierta;
de ácido, muriático;
de figura, retórica;
de cadáver, exquisito;
de versión, inédita;
de mirada, iracunda;
de eslabón, libre;
de propuesta, indecorosa;
de edición, limitada;
de estrella, fugaz;
de silencio, incómodo;
de enfermedad, mortal;
de muerte, súbita;
de retiro, espiritual;
de promesa, incumplida;

SUDDENLY, I AM

In an emergency, I want to find a way out.
As clover, I want to strip the leaves off my luck.
Head on, I want to be up above;
As sand, on the split second of the clock.

Suddenly,
I want to be afterward;

As character, antagonist;
As subject, implied;
As an effect, a side effect;
As an island, deserted;
As acid, hydrochloric;
As a figure, rhetorical;
As a corpse, exquisite;
As a version, unpublished;
As a gaze, irate;
As a link, free;
As a proposal, indecent;
As an edition, limited;
As a star, shooting;
As silence, awkward;
As an illness, terminal;
As death, sudden;
As a retreat, spiritual;
As a promise, broken;

de aviso, inoportuno;
de mala, noticia;
de poema, maldito;
de vacío, repugnante;
de llamada, perdida;
de falsa, alarma;
de mensaje, oculto;
de puente, peatonal;
de pregunta, tambaleante;
de mentira, piadosa;
de sonrisa, fingida;
de rincón, olvidado;
de plática, conyugal;
de pecado, solitario;
de momento, pasajero.

Luego, de pronto,
soy
el juicio inapelable,
la vuelta continua
de un punto

final.

As a notice, unwelcome;
As bad, news;
As a poem, accurséd;
As a vacuum, revolting;
As a call, missed;
As false, alarm;
As a message, hidden;
As a bridge, pedestrian;
As a question, faltering;
As a lie, white;
As a smile, feigned;
As a nook, forgotten;
As a talk, marital;
As a sin, solitary;
As a moment, fleeting.

Then, suddenly,
I am
The unappealable decision,
The continuous flow
Of a full

Stop.

ACERCA DE LA AUTORA

Mónica Zepeda (San Cristóbal de Las Casas, Chiapas, México, 1987). Licenciada en Literatura y Creación Literaria por Casa Lamm. *Meta-NLP Master Practitioner* por *The International Society of Neuro-Semantics*. Es autora de *Si miento sobre el abismo* (2014) y *Las arrugas de mi infancia* (Coneculta Chiapas, México, 2020; Ediciones El Pez Soluble, El Salvador, 2023). Ha participado en festivales de poesía nacionales e internacionales como *Jornadas Pellicerianas 2022, The Americas Poetry Festival of New York 2022* y *Encuentro Internacional de Poesía en Paralelo Cero 2023*. Parte de su obra poética ha sido traducida al polaco, inglés e italiano e incluida en diversas antologías. Poemas suyos también han sido publicados en reconocidos medios impresos y electrónicos de México, España, Honduras, Guatemala, Perú, Bolivia, Colombia, Chile, Estados Unidos, Italia, Puerto Rico, El Salvador y Ecuador.

Mónica Zepeda (San Cristóbal de Las Casas, Chiapas, México, 1987). Bachelor's degree in Literature and Literary Creation from Casa Lamm. Meta-NLP Master Practitioner from The International Society of Neuro-Semantics. She is the author of *Si miento sobre el abismo* (2014) and *Las arrugas de mi infancia* (Coneculta Chiapas, Mexico, 2020; Ediciones El Pez Soluble, El Salvador, 2023). She has participated in national and international poetry festivals such as *Jornadas Pellicerianas 2022*, *The Americas Poetry Festival of New York 2022*, and *Encuentro Internacional de Poesía en Paralelo Cero 2023*. Some of her poetic work has been translated into Polish, English, and Italian and included in various anthologies. Her poems have also been published in renowned print and electronic media in Mexico, Spain, Honduras, Guatemala, Peru, Bolivia, Colombia, Chile, the United States, Italy, Puerto Rico, El Salvador, and Ecuador.

ACERCA DEL TRADUCTOR

Miguel Falquez-Certain nació en Barranquilla (Colombia). Estudió el arte y la teoría de la traducción literaria con Richard Howard y André Lefebvre en N.Y.U. Ha traducido dieciocho poemarios y diez obras de teatro al inglés, así como dos novelas, tres guiones cinematográficos y poemas de escritores australianos, ingleses, irlandeses y estadounidenses al castellano en revistas latinoamericanas. Sus traducciones de poetas estadounidenses aparecen regularmente en *Abisinia Review*. Asimismo, es autor de diez poemarios, seis piezas de teatro, una noveleta, una novela y dos libros de narrativa breve por los cuales ha recibido varios galardones. Licenciado en literaturas iberoamericana y francesa (Hunter College). Cursó estudios de doctorado en literatura comparada en N.Y.U. Es miembro del PEN American Center, de American Translators Association y de Proz.com. Reside en Nueva York desde hace más de cuatro decenios, en donde se desempeña como traductor literario, jurídico, médico y financiero en cinco idiomas desde 1980.

ABOUT THE TRANSLATOR

Miguel Falquez-Certain was born in Barran-quilla, Colombia. He studied the art and the theory of literary translation with Richard Howard and André Lefebvre at N.Y.U. He has translated eight-een volumes of poetry and ten plays into English, as well as two novels, three screenplays, and poems by Australian, English, Irish and American writers into Spanish in Latin American journals. His trans-lations of American poets appear regularly in *Abi-sinia Review*. He is also the author of ten volumes of poetry, six plays, a novella, a novel, and two books of short fiction for which he has received several awards. B.A. in Spanish and French Literatures (Hunter College). He completed his Ph.D. course work in comparative literature at N.Y.U. He is a member of PEN American Center, the American Translators Association, and Proz.com. He has been living in New York City for more than four decades, working as a literary, legal, medical, and financial translator in five languages since 1980.

ÍNDICE / INDEX

Si miento sobre el abismo
If I Lie About the Abyss

III.   De pronto, soy
III.   *Suddenly, I Am*

WILD MUSEUM

MUSEO SALVAJE

Latin American Poetry Collection
Homage to Olga Orozco (Argentina)

POETRY
COLLECTIONS

ADJOINING WALL
PARED CONTIGUA
Spaniard Poetry
Homage to María Victoria Atencia (Spain)

BARRACKS
CUARTEL
Poetry Awards
Homage to Clemencia Tariffa (Colombia)

CROSSING WATERS
CRUZANDO EL AGUA
Poetry in Translation (English to Spanish)
Homage to Sylvia Plath (United States)

DREAM EVE
VÍSPERA DEL SUEÑO
Hispanic American Poetry in USA
Homage to Aida Cartagena Portalatín (Dominican Republic)

FIRE'S JOURNEY
TRÁNSITO DE FUEGO
Central American and Mexican Poetry
Homage to Eunice Odio (Costa Rica)

INTO MY GARDEN
English Poetry
Homage to Emily Dickinson (United States)

I SURVIVE

SOBREVIVO

Social Poetry

Homage to Claribel Alegría (Nicaragua)

LIPS ON FIRE

LABIOS EN LLAMAS

Opera Prima

Homage to Lydia Dávila (Ecuador)

LIVE FIRE

VIVO FUEGO

Essential Ibero American Poetry

Homage to Concha Urquiza (Mexico)

FEVERISH MEMORY

MEMORIA DE LA FIEBRE

Feminist Poetry

Homage to Carilda Oliver Labra (Cuba)

REVERSE KINGDOM

REINO DEL REVÉS

Children's Poetry

Homage to María Elena Walsh (Argentina)

STONE OF MADNESS

PIEDRA DE LA LOCURA

Personal Anthologies

Homage to Julia de Burgos (Argentina)

TWENTY FURROWS

VEINTE SURCOS

Collective Works

Homage to Julia de Burgos (Puerto Rico)

VOICES PROJECT
PROYECTO VOCES
María Farazdel (Palitachi) (Dominican Republic)

WILD MUSEUM
MUSEO SALVAJE
Latin American Poetry
Homage to Olga Orozco (Argentina)

OTHER
COLLECTIONS

Fiction
INCENDIARY
INCENDIARIO
Homage to Beatriz Guido (Argentina)

Children's Fiction
KNITTING THE ROUND
TEJER LA RONDA
Homage to Gabriela Mistral (Chile)

Drama
MOVING
MUDANZA
Homage to Elena Garro (Mexico)

Essay
SOUTH
SUR
Homage to Victoria Ocampo (Argentina)

Non-Fiction/Other Discourses
BREAK-UP
DESARTICULACIONES
Homage to Sylvia Molloy (Argentina)

For those who think like Olga Orozco that *we are hard fragments torn from heaven's reverse, chunks like insoluble rubble turned toward this wall where the flight of reality is inscribed, chilling white bite of banishment* this book was published February 14, 2024 in the United States of America.

9 7 8 1 9 5 8 0 0 1 6 4 6